Cactus Grandiflorus

Rocco Rubini

In the interest of creating a more extensive selection of rare historical book reprints, we have chosen to reproduce this title even though it may possibly have occasional imperfections such as missing and blurred pages, missing text, poor pictures, markings, dark backgrounds and other reproduction issues beyond our control. Because this work is culturally important, we have made it available as a part of our commitment to protecting, preserving and promoting the world's literature. Thank you for your understanding.

CACTUS GRANDIFLORUS

PATOGENIA

Osservata sull'uomo sano e convalidata sul malato

DAL

DOTTOR ROCCO RUBINI

Medico Direttore dello Spedale Omiopatico di S. Maria della Cesarea
Socio corrispondente dell'Accademia Omiopatica di Palermo
della Società Anemanniana di Parigi

> Non fingendum aut excogitandum,
> sed observandum quod natura faciat auf ferat.
>
> Bacon: Histor: vit: et mort:
> Francof. 1665.

NAPOLI
STAMPERIA E CARTIERE DEL FIBRENO
Strada Trinità Maggiore n° 26
1864

AL CHIARISSIMO
DOTTOR AUGUSTO SEVERIN
COSTANTE INDEFESSO PROPUGNATORE

DELLA OMIOPATIA PURA

IN GERMANIA ITALIA SVIZZERA

ED ALTRI LUOGHI

PER DOTTRINA INGEGNO GENEROSITÀ FILANTROPIA

LEGALTÀ SINCERA AMICIZIA

PRESTANTISSIMO

L'AUTORE IN TESTIMONIO DI STIMA

GRATITUDINE VERACE DURATURO AFFETTO

DEDICA E CONSACRA

CACTUS GRANDIFLORUS

Catto a fiori grandi volgarmente **Catto vaniglia**
Catto a fiori odorosi

> Nempe primum in corpore sano medela tentanda est, sine peregrina ulla miscela; odoreque et sapore ejus exploratis, exigua illius dosis ingerenda, et ad omnes quæ inde contingunt affectiones, quis pulsus, quis calor, quæ respiratio, quænam excretiones, attendendum. Inde ad ductum phænomenorum, in sano obviorum, transeas ad experimenta in corpore ægroto.
> Alb. Haller Pharmac: helvet.
> Basilea 1771 in fol. p. 12.

Questo Catto per la bellezza, per la grandezza, e per l'odore soave del suo fiore è molto importante. Il fiore pare che sia nemico della luce, dappoichè si apre nell'imbrunir della sera, e nel corso della notte appassisce, si chiude, e muore pria che rinasca il dì. La natura coll'averlo nascosto al sole ed allo sguardo dell'uomo, sembra abbia voluto indicare qualche cosa. Coll' aver essa operato, quasi a guisa dell' uomo che nasconde gli oggetti preziosi per tema di perderli, à voluto dire certamente, almeno come io la penso, che questo vegetale era un tesoro prezioso per l'uomo medesimo. Nessuno però, negli antichi o nei moderni tempi per quanto io mi sappia, ebbe mai in pensiero interrogarla, e forzarla quasi palesare i suoi segreti. Era ciò riservato alla Omiopatia. Doveva essa avere il vanto di giungere a scoprirne le **mirabili virtù antiflogistiche**, e proporre alla scienza un altro mezzo di guarire prontamente le malattie infiammatorie senza emissioni sanguigne. Se i Colleghi ed i fratelli in Esculapio, che teneramente io amo, volessero di buona voglia accoglierlo, risparmierebbero sicuramente le perdite sanguigne, che sinora è stato giuocoforza ordinare, e non indebolirebbero l'organismo degli sventurati infermi. In questo caso io mi crederei ben fortunato, se potessi contribuire alla conservazione di quelle forze vitali, che sono tanto necessarie alla egra umanità per la reazione organica, valevole a superare i morbi. Se essi accogliendolo, il volessero adoperare, e volessero ottenerne effetto, dovrebbero fare in modo che la sua azione non venisse disturbata, oppur distrutta, da altro medicamento. La preparazione poi di questo sovrano rimedio essendo assai semplice, come appresso dirò, ogni farmacista, anzi ogni uomo, può da sè stesso prepararlo, ed averlo pronto al bisogno, ed alla richiesta del medico.

La caratteristica di questo Catto consiste, che nel mentre sviluppa la sua azione **specificatamente sul cuore e sui vasi sanguigni, ne scioglie le congestioni, ne reprime le irritazioni**, non indebolisce il sistema nervoso, come fa l'Aconito. Quindi è preferibile a questo in tutti i casi d'infiammazioni, specialmente nei malati di temperamento linfatico e nervoso.

La piccola patogenia che rendo di pubblica ragione, non è che un embrione di quella che può sull'uomo sano produrre questo vegetale. Io e mia moglie quando abbiamo veduto, che esso agiva potentemente sul cuore e sul sistema sanguigno, a modo da far cadere le lagrime, e produrre spavento (1), non abbiamo avuto coraggio andare più oltre negli esperimenti, e mettere in pericolo la nostra esistenza. Spero che altri avendo più coraggio e meno spavento di noi, potessero completarla e correggerla in qualche parte, ove io nel descrivere i sintomi, avessi preso errore. Oggi ognuno conosce esser necessarie replicate, e replicate pruove, pria sull'uomo sano, poscia sul malato, per acquistare piena convinzione e certezza sul costante modo di agire di ogni medicamento.

Questo Catto à i fusti cilindrici provvisti di cinque a sei costole poco prominenti, e guernite di piccole spine disposte a raggio. D'ordinario si vedono comparire uno ad uno i fiori che sono bianchi, di un volume considerevole, e di un odore soavissimo di acido benzoico e di vainiglia. Questi fiori si aprono la sera, e si chiudono al levar del sole per non riaprirsi mai più. Il frutto è ovoide, coperto di tubercoli squamosi, carnoso, di colore arancione, o anche di un bel rosso, ripieno di piccolissimi semi, ed à sapore acidetto. Fiorisce in Napoli nel mese di Luglio, e benchè originario della Giamaica, e delle coste del Messico, pur vive bene all'aria aperta, nel dolce clima di queste incantatrici contrade.

---

(1) Sint. 67. 74.

— 10 —

Per prepararne la tintura (1), come l'Omiopatia usa di tutti i vegetali freschi, bisogna nel mese di Luglio recidere i fusti i più giovani, i più teneri, recidere i fiori, e tagliando tutto in minutissimi pezzi, metterli in macerazione nello spirito di vino rettificatissimo, in modo che sia una parte della pianta, dieci parti dello alcoole. Si lascia stare un mese in macerazione, agitando da quando a quando il fiasco che dev'essere ben chiuso, e quindi decantando la tintura, si conserva per l'uso.

Essa agisce efficacemente nella dose θ, cioè di tintura madre, ed agisce egualmente bene nella dose di 6.ª 30.ª 100.ª dinamizazione. Più alta di questa io non ò adoperato nella mia prattica; ma ò fidanza che anche in più alta dinamizazione, non mancherà di es-

---

(1) La famiglia dei Catti essendo molto numerosa, bisogna usare grande attenzione a non confondere una specie coll'altra, quando si voglia preparare il vero rimedio che io ò preparato. Ogni individuo in natura à una virtù a se, e le azioni generiche non esistendo nelle famiglie de' vegetali, non si può impunemente sostituire una pianta all'altra. Si deve quindi scegliere il vero **Cactus grandiflorus**, di cui ò appositamente notato i caratteri distintivi.

Di questa grande verità lo stesso Haller ci ricorda colle sue parole — **Latet immensa virium diversitas in iis ipsis plantis, quarum facies externas dudum novimus, animas quasi, et quodcumque coelestius habent, nondum perspeximus.**

Nella farmacia omiopatica speciale del signor Vincenzo Dragone —188 Strada di Chiaja—si trovano la tintura θ, le medie, e le alte dinamizazioni del vero **Cactus grandiflorus.**

sere un bene attivo ed energico rimedio. L'erpete crostoso poi, che negli ultimi giorni di sua azione (Sint. 173 a 176) à fatto sorgere sulla pelle sana di un uomo, che non aveva mai sopra di se veduto consimile eruzione, mi fa giudicare, che sia un potentissimo medicamento antipsorico.

La sua azione dura e si estende per 50 giorni e più.

Antidoti — **Aconito — Canfora — China**

Clinica

È rimedio **specifico per le malattie del cuore**, ove agisce prontamente. Si può quindi in queste circostanze ritenerlo come rimedio sovrano, a cui nessun'altro può stare a fronte. Nelle malattie organiche del medesimo, la dose di una a dieci gocce di tintura madre (1), sciolte in poc'acqua e bevuta epicra-

---

(1) Qui convien ricordare essere impossibile cosa fissare stabilmente la dose di un rimedio. Sarà sempre al giudizio del medico curante riservato il proporzionare, sul letto del malato, la forza del medicamento a quella del morbo.

Convien ricordare ancora, che una dose troppo forte può, in luogo di miglioramento del male, produrre esacerbamento. E questo può rendersi tanto più grave, per quanto più le dosi fossero ripetute in tutti i giorni. L'ammalato allora si scoraggirebbe, e prenderebbe grandissimo errore giudicando, che il medicamento non gli convenga, o che l'organismo suo non possa sopportarlo. Questi mal fondati ed erronei giudizi sono ben frequenti, e si stabili il più delle volte, che i medici si veggono dai malati medesimi forzati a mutar di prescrizione.

ticamente in giornata, ne calma sollecitamente le penose sofferenze, se non può guarirle e fugarle durevolmente. Nelle gravi malattie acute di detto viscere, la stessa dose le guarisce sollecitamente, senza bisogno di altro rimedio. Nelle nervose malattie cardiache poi, i globoli della 6.ª 30.ª 100.ª dinamizazione riescono prontamente efficaci. Con sicurezza si può quindi adoperarlo nelle:

Questo cambiamento però sarebbe un'errore madornale in prattica, di cui forse non vi è il maggiore. Quando sin dal bel principio un rimedio produce peggioramento, indica che abbia già sviluppata direttamente la sua azione sul centro morboso, e che corrispondendo a capello alla natura di esso, sia il più atto mezzo a distruggerlo prontamente.

In questa circostanza ogni mutamento sarebbe dannoso. Convien far riposo per alquanti giorni, attendere la reazione dall'organismo, e diminuire la dose. Hahnemann nei primi tempi medicò colle tinture madri (Études de Médicine homœopatique—Paris 1855 p. 595); ma poi ammaestrato dai fatti curò colla centesima, più tardi colla diecimillesima, colla milionesima, ed in fine sempre colla diecilionesima parte di una gocciola, ed allora più esacerbamenti non vide.

Egli per ottenere queste frazioni dissolveva una gocciola di tintura madre in 100 gocce di spirito di vino rettificatissimo. E di questa prima diluzione, una gocciola in altre 100 di spirito di vino; e di questa seconda, una gocciola ancora dissolvendo in altre 100 dello spirito di vino sudetto, otteneva in tre boccette, le prime tre attenuazioni. E ad ognuna di esse dando 100 scosse di braccio, battendo l'una mano contro l'altra, le dinamizava producendo la perfetta miscela dei fluidi, e lo sviluppo di quella forza medicamentosa, a noi ignota, che in natura ogni sostanza in se contiene.

Di una di queste diluzioni, oppure di altre più elevate che sempre nel medesimo modo si preparerebbero, si dovrebbe dunque far uso in caso di esacerbamento, e non mai cangiar rimedio.

Congestioni sanguigne delle persone di temperamento pletorico — Conseguenze nocevoli dei raffreddori per sudore asciugato, o per corrente di vento freddo — Infiammazioni diverse—Infiammazioni reumatiche con gonfiore delle parti, e dolore — Febbri catarrali — Febbri reumatiche semplici — Febbri infiammatorie — Febbri gastriche — **Congestioni cerebrali** — Cefalalgia per congestione sanguigna, oppure reumatica — Dolore pulsante gravativo in testa — Dolore stirante sul vertice — **Apoplessia sanguigna** — **Epistassi profusa** — Corizza secca oppur fluente — Oftalmie acute reumatiche — Otiti reumatiche — **Reumatismo del cuore** — Reumatismo del torace — **Stenocardia** — **Ipertrofia del cuore** — **Aneurisma del cuore e dei grandi tronchi arteriosi** — **Carditi acute e croniche** — **Palpitazioni di cuore** organiche e nervose — Epatisazione del pulmone — **Congestioni sanguigne al petto** — Bronchiti — Pleuriti — Peripneumonie — **Emottisi** — **Pneumorragie** — Asma congestiva — Oppressione cronica di respiro — Tosse catarrale — Tubercolosi pulmonale al primo stadio — Nausea — Inappetenza — **Ematemesi** — Epatite — Stitichezza emorroidaria — **Emorroidi fluenti** — Mestruazione assai dolorosa — **Ematuria** — Stranguria — Paralisi della vescica — Erpete crostoso secco ai malleoli ed ai gomiti.

Testa

1. Vertigine per congestione sanguigna al capo (dopo 10 giorni).

   Scoloramento di volto, ed emaciazione (nei primi 6 giorni).

   Volto acceso, e rosso con dolore pulsante in testa (nel 12.° giorno)

   Calore forte in testa, ed accensione del volto come se si trovasse avanti di un gran fuoco, che cagiona smania ed ambascia orribile (nel 1.° giorno).

5. Sensazione di vuotezza in testa (nel 2.° giorno).

   Dolore gravissimo in testa, insoffribile, per congestione al capo (nel 4.° giorno).

   Dolor gravativo in testa, come se un gran peso poggiasse sul vertice.

   Dolore di testa, con abbattimento e svogliatezza generale.

   Dolore eccessivo nella testa, che produce tale un'ambascia da non poter restare in letto (nel 1.° giorno).

10. Dolore pulsante, con sensazione di peso nella metà destra della testa, continuo giorno e notte, così forte da far gridare ad alta voce (dopo 4 giorni).

    Dolor fortissimo nella metà destra della testa, che cresce a dismisura alzando la testa dal guanciale, per molti giorni di seguito (d. 3 giorni).

    Dolore gravissimo nella metà destra della testa,

il quale cresce al sentir parlare, ed alla impressione della luce forte (nei primi 5 giorni).

Dolore stirante sul vertice, che torna a periodo in ogni due giorni (nei primi 20 giorni).

Dolor gravativo come di un peso sul vertice, che diminuisce colla pressione.

15. Sensazione di peso sul vertice, con dolore ottuso, che cresce col sentir parlare, col sentir qualunque rumore.

Dolor gravativo sul fronte, continuo giorno e notte, per due giorni di seguito.

Dolor gravativo sul fronte, che cresce al chiaror di molta luce, ed al sentir voci forti, oppur rumori.

Dolor pulsante sulle tempie, che si rende insopportabile nella notte (nel 2.° giorno).

Sensazione di grave peso sulla tempia destra e sopracciglio destro, che diminuisce colla pressione.

20. Pulsazione continua e molesta nelle tempie e nelle orecchie, che disturba moltissimo, e produce ipocondria (nei primi 8 giorni).

Pulsazioni sì forti nelle tempie, che pare ne scoppiasse il cranio (nel 1.° giorno).

Dolore e tiratura sull'occipite, che crescono col movimento della testa.

Tirature dolorose nella cuffia apneurotica occipitale, che calmano col piegare la testa in dietro.

Abbagliamento momentaneo di vista (nel 1.° giorno).

25. Abbagliamento di vista; compariscono avanti gli occhi dei cerchi di luce rossa, che offuscano la vista (d. 6 giorni).

Offuscamento di vista, a distanza di pochi passi non riconosce neppure gli amici.

A piccola distanza non riconosce alcuna persona, ancorchè amica.

Debolezza di vista per molti giorni di seguito, gli oggetti sembrano come annebiati (nei primi 4 giorni).

Debolezza di vista ricorrente a periodo, gli oggetti sembrano oscurati.

30. Oftalmia reumatica, prodotta da impressione di aria fredda, che guarisce presto.

Corizza secca molto incomoda; nella notte deve respirare colla bocca aperta.

Corizza fluente e molto acre, che impiaga le narici.

Epistassi profusa, che cessa in breve tempo.

Pulsazioni sulle orecchie, giorno e notte continuamente (nei primi 6 giorni).

35. Rumore nelle orecchie come dal correr di un fiume, continuo per tutta la notte (nel 1.° giorno).

Udito diminuito per susurrio nelle orecchie; bisogna parlare ad alta voce per farsi intendere (nel 1.° giorno).

Otitide molto dolorosa, per sudore retropulso, che guarisce in 4 giorni.

Insonnio nella notte, senza saper perchè (nella 1.ª notte).

Insonnio nella sera e nella notte, per pulsazione

arteriosa nello scrobicolo e nella orecchia destra (nella 2.ª notte).

40. Insonnio protratto per 48 ore, con pulsazione in ambedue le orecchie (d. 3 giorni).

Non può prender sonno nelle prime ore della sera, e se poi si addormenta, si sveglia subito (nei primi 8 giorni).

Sonno interrotto nella notte; nella mattina seguente poi si sente stanco, come se non avesse dormito affatto (d. 20 giorni).

Vaniloquio la notte dormendo, svegliato parla sconnessamente (nel 10.° giorno).

Delirio leggiero nella notte; se destandosi, il delirio cessa per poco, ricomincia appena ricade nello assopimento (nel 7.° giorno).

45. Ipocondria e tristezza invincibili (nei primi 6 giorni).

Malinconia insolita, di cui non sa render ragione a se stessa (nei primi 4 giorni).

Ipocondria profonda, non à voglia di pronunziar parola (nel 4.° giorno).

Taciturnità continua, non risponde parola benchè replicatamente interrogata (al 3.° giorno).

Tristezza, taciturnità, e voglia irresistibile di piangere (nei primi 6 giorni).

50. Timor della morte, grandissimo e durevole; crede insanabile la sua malattia (al 7.° giorno).

Amor della solitudine, sfugge sempre quelli che le stanno intorno per consolarla (al 9.° giorno).

Irritabilità straordinaria, ogni piccola contrarietà fa montare in collera (al 15.° giorno).

Petto

Sensazione di stringimento nella gola, che impedisce parlare liberamente, e sforzandosi a parlare, si abbassa la voce, e si rende rauca (nel 10.° giorno).

Stringimento nella parte superiore del petto, che impedisce il respiro (nei primi 15 giorni).

55. Sensazione di forte stringimento nel mezzo dello sterno, come se una tanaglia di ferro stringesse la parte; stringimento che produce oppressione di respiro, e che peggiora nel moto (nei primi 10 giorni).

Sensazione di stringimento nel petto, come se fosse legato (nel 4.° giorno).

Sensazione di doloroso stringimento nella parte inferiore del petto, come se una corda stringesse fortemente le costole spurie, con impedimento di respiro nel (6.° giorno).

Sensazione nel petto come se altri lo premessero e lo tenessero a forza; il paziente in allucinazione di fantasia grida, lasciatemi, lasciatemi (nel 3.° giorno).

Sensazione di forte stringimento nelle spalle, da non potersi muovere (nel 5.° giorno).

60. Dolori pungenti vaganti nella cassa del torace, molto molesti specialmente nella regione delle spalle (nei primi 15 giorni).

Tirature dolorose nei muscoli del lato sinistro del petto, che si estendono sino nell'articolazione della scapola, ed impediscono il respiro ed il libero movimento del braccio.

Dolore nella mammella sinistra, che cresce toccandola, e diminuisce col tenerla sollevata in alto (nei primi 12 giorni),

Sensazione di molestissimo movimento, di avanti in dietro, nella regione cardiaca, come se un rettile camminasse nell'interno, più forte nel giorno, che nella notte (nei primi 10 giorni).

Sensazione di stringimento al cuore, come se una mano di ferro lo impedisse nei suoi ordinarì movimenti (nei primi 10 giorni).

65. **Dolore gravativo, ottuso nella regione del cuore**, che cresce colla pressione (al 2.° giorno).

Dolore pungente al cuore che impedisce il respiro ed il movimento del tronco (nel 4.° giorno).

Dolore acutissimo, e punture sì moleste al cuore, da far piangere e gridare fortemente, con impedimento di respiro (nei primi 8 giorni).

Oppressione nella regione sottoclavicolare sinistra, come se un gran peso impedisse la libera dilatazione della cassa del torace (nel 4.° giorno).

Oppressione prolungata di respiro, con forte affanno (nei primi 8 giorni).

70. Oppressione sul petto, con mancanza di respiro (nei primi 4 giorni).

Oppressione di respiro, come per forte peso sul petto (nel 3.° giorno).

Oppressione cronica di respiro, che cresce all'aria libera, e che calma poi prontamente.

Difficoltà di respiro, oppressione continua ed affanno, come se il petto, stretto da una fascia di ferro, non si potesse dilatare per la normale respirazione (nei primi 8 giorni).

Accesso di soffogazione periodica, con deliquio, sudor freddo al volto, e perdita di polso (nei primi 8 giorni).

75. Affanno ricorrente vespertino (nei primi 15 giorni).

Asma congestiva, che si calma prontamente.

Palpito di cuore, continuo giorno e notte, più forte caminando, e nella notte giacendo sul lato sinistro (nei primi 6 giorni).

Palpito nervoso di cuore, che nella ricorrenza della mestruazione aumenta a dismisura.

Palpito nervoso di cuore, che prodotto da affezioni morali profonde, si calma immediatamente.

80. Palpito nervoso di cuore, che esistendo da più anni per cagione di amore infelice, si calma sollecitamente.

Palpito cronico di cuore, che da molti anni restio a tutti i mezzi dell'arte in un giovanetto a 12 anni, perviene quasi a guarigione completa.

Cardite acuta, con leggiera cianosi al volto, oppressione di respiro, tosse secca, dolore pungente al cuore, impossibilità di giacere coricato sul lato sinistro, polsi celeri, vibrati, tesi e duri, la quale guarisce in 4 giorni.

Cardite cronica, con volto edematoso e cianotico, soffogazione di respiro, dolore ottuso, continuo al cuore, idropericardia, idrotorace, ascite, edema delle mani, delle gambe, dei piedi, impossibilità di giacere in letto, di parlare, ed anche di bere, mani e piedi freddi, polsi intermittenti, la quale guarisce in 15 giorni.

Cardite reumatica, con forte tosse secca e stizzosa, che guarisce in 4 giorni.

85. **Ipertrofia di cuore, cronica da tre anni:** l'ammalato senza polsi, oltremodo affannoso, ambascioso, non può giacere coricato, non può parlare, senza sonno affatto da 15 giorni, debole, smemorato, piedi edematosi, ottiene pronta calma, si mette a giacere, e dorme tranquillamente 12 ore.

Congestione sanguigna al petto, che impedisce restar coricato nel letto (nel 3.° giorno).

Bronchiti che prontamente guariscono.

Bronchite cronica con rantolo mucoso, che acutizzandosi per cagione d'infreddamento, produce grave affanno e soffogazione, si calma, e cessa prontamente lo stato acuto.

Bronchite cronica da più anni, con rantolo mucoso, continuo giorno e notte, con oppressione di respiro nel salir le scale, ed impossibilità di giacer orizontalmente nel letto, che guarisce prontamente.

90. **Pleuriti molte**, che tutte guariscono fra due a quattro giorni.

Epatisazione del pulmone, che si risolve in pochi giorni.

Pleuropneumonia gravissima, con forte oppressione di respiro, dolore puntorio, acuto, tosse intensa, sputo sanguigno, polso duro, vibrato a 120, che guarisce in quattro giorni.

Emottisia che prontamente cessa.

Pneumorragia spaventevole, che in poche ore si arresta e cessa del tutto.

95. **Pneumorragia, che riproducendosi in ogni 4. 6. 7. 8. ore, e facendo in ogni volta, con tosse stizzosa, espettorare due o tre libre di sangue, minora subito e cessa completamente in quattro giorni.**

Tosse ostinata, stertorosa, più forte nella notte.

Tosse catarrale, con molta espettorazione viscida.

Tosse stizzosa, con espettorazione mucosa abbondante.

Tosse con espettorazione densa, come amido cotto, molto gialla.

100. Tosse secca per vellicamento nella gola (nei primi 15 giorni).

Tosse secca, come per prurito nella laringe (nella 1.ª notte).

Addome

Stringimento nell'esofago, che impedisce d'inghiottire; deve bere grande quantità di acqua per poterla mandar giù nello stomaco (nel 6.° giorno).

Stringimento nella gola, che eccita a deglutire spesso la saliva (nell'8.° giorno).

Fiato putente la mattina (nel 3.° giorno).

105. Nausea nella mattina, ed in tutto il giorno (nel 7.° giorno).

Acido bruciante nello stomaco, che monta alla gola ed alla bocca, e che rende di gusto acido, qualunque cosa si tentasse mangiare (nel 4.° giorno).

Sensazione di forte bruciore nello stomaco (nei primi 5 giorni).

Sete forte, che eccita a bevere molt'acqua (nel 1.° giorno).

Sensazione di forte stringimento nello scrobicolo, che estendendosi negli ipocondri circonda la cinta, ed impedisce il respiro (nel 4.° giorno).

110. Pulsazione forte nello scrobicolo (nei primi 8 giorni).

Pulsazione continua, e molto incomoda sullo stomaco.

Pulsazione molto molesta dell'arteria celiaca, dopo pranzo, che dura 3 ore, e che corrisponde

colla pulsazione dell'arteria temporale destra.
Pesantezza nello stomaco.
Sensazione di peso enorme sullo stomaco, che dura molti giorni (nei primi 8 giorni).

115. **Sensazione di peso sullo stomaco**, che si dilegua presto, e che ricomparisce ogni volta, che si prende il rimedio (nei primi 15 giorni).
Oppressione e peso nello stomaco (nel 4.° giorno).
Inappetenza, e perdita di sapore del cibo, che svanisce dopo qualche ora (nel 2.° giorno).
Inappetenza completa, non si può introdurre affatto cibo alcuno sullo stomaco (al 3.° giorno).
Inappetenza e nausea per molti giorni, non può che a stento inghiottire qualche boccone (nei primi 14 giorni).

120. Molto appetito, ma debole e lenta digestione (d. 20 giorni).
Lentissima digestione, anche dopo 8. 10 ore il sapore del cibo rimonta nella gola ruttando.
Cattiva digestione, ogni cibo produce peso sullo stomaco, e sofferenze tali, che si preferisce restar digiuno.
Vomito abbondante di sangue.
Gastro-enterite gravissima, che guarisce in cinque giorni.

125. **Epatite grave**, che guarisce in due giorni.
Epatite cronica, ed ingorghi epatici, che guariscono prontamente.
Borborigmi nel bassoventre, che precedono le scariche ventrali.

Sensazione molestissima nel basso ventre, che incomoda molto, come se un serpente si girasse di quà, di là (nel 4.° giorno).

Dolori fortissimi nel basso ventre, da produrre quasi deliquio, che continuano più, o meno nella giornata (nel 7.° giorno).

130. Dolori vaganti nella regione ombelicale, che cessano e tornano periodicamente (nel 5.° giorno).

Calore insopportabile nell'addome, sembra come se qualche cosa bruciasse nell'interno (d. 2 giorni).

Le pareti addominali, toccate colla mano, scottano e sono calde assai più delle altre parti del corpo (d. 3 giorni).

Stitichezza in tutti i primi sei giorni.

Stitichezza, come per congestione emorroidaria.

135. Evacuazione di fecce dure nerastre, appena preso il rimedio, in un uomo da più giorni stitico di corpo; nel giorno appresso, evacuazioni biliose (nel 1.° giorno).

Diarrea biliosa di 4. 5. scariche per giorno, precedute sempre da dolori (nei primi 8 giorni).

Diarrea biliosa con dolori addominali, 8 scariche in un giorno (nel 3.° giorno).

Diarrea matutina di fecce molto sciolte, preceduta da forti dolori, 8 scariche dalle ore 6 alle 12 a. m.; nessuna scarica nelle ore p. m. (al 7.° giorno).

Diarrea acquosa, abbondantissima in ogni volta, 10 scariche nelle ore del mattino, precedute sempre da dolori e borborigmi (al 9.° giorno).

— 26 —

140. Diarrea mucosa, preceduta da tirature dolorose, 3 scariche al giorno (al 12.° giorno).

Sensazione di forte peso all'ano, e bisogno di dover cacciare molte fecce, nel mentre poi non si caccia niente (al 15.° giorno).

Varici gonfie fuori dell'ano, che producono molto dolore.

Prurito forte all'ano, che obbliga a frottarlo molto spesso.

Punture all'ano, come di acute spille, che cessano colla fregagione.

145. **Emorragia abbondante dall'ano**, che cessa prontamente.

Stringimento nel collo della vescica, che da principio impedisce il passaggio dell'orina, poi sforzandosi molto, giunge ad orinare come al solito (nel 10.° giorno).

Stimolo forte ad orinare, e benchè si stia molto tempo sul vase, pur non si giunge ad orinare affatto (nel 1.° giorno).

Stimolo ad orinare, e dopo essersi sforzato inutilmente per qualche tempo, giunge finalmente a cacciare abbondantissima orina (nel 1.° giorno),

Stimolo insopportabile nell'uretra, come se si dovesse cacciare sempre la orina.

150. Stimolo frequente ad orinare, con quantità abbondante di orina in ogni volta, nelle ore della notte (nei primi 6 giorni).

Bruciore nel canale dell'uretra, che gradatamente crescendo diviene insopportabile (d. 5 giorni).

Orinare a gocce con molto bruciore (nel 4.° giorno).

Orinare involontariamente nel letto, la notte dormendo, alle 5 a. m. (nella prima notte).

Orina più abbondante del solito (nei primi 4 giorni).

155. Orina abbondantissima, di color paleare (nel 1.° giorno).

Orina molto aumentata, si deve orinare spessissimo, e si caccia molta orina in ogni volta.

Orina rossastra, torbida, molto abbondante.

Orine che raffreddandosi depositano arena rossa.

Ematuria spaventevole, per congestione emorroidaria nella vescica, retenzione di orina, paralisi della vescica; il catetere con difficoltà rompe i grumi sanguigni, che stentatamente passano nel catetere stesso per uscire colla orina; il malato che per 47 giorni avea sperimentato inutili tutti i mezzi dell'arte, guarisce completamente in pochi giorni.

160. Sensazione di stringimento doloroso negli inguini, che si estende intorno il bacino.

Sensazione dolorosa di stringimento nella regione uterina, che a poco a poco salendo in su, ed in un quarto d'ora arrivando allo stomaco produce la sensazione di un forte colpo ai reni da far gridare, e che si dissipa prontamente (nel 1.° giorno dopo aver preso un globolo della 100.ª).

Dolore nell'utero, e nei suoi legamenti, che ogni sera periodicamente si rinnova, e crescendo man mano sino alle 11. p. m. si rende fortissimo; poi cessa del tutto sino alla sera appresso; per molti giorni di seguito (d. 14 giorni).

Dolore pulsante nell'utero, e nella regione delle ovaje, come di un tumore interno che suppurasse; dolore che si estende sino nelle cosce, e si rende insopportabile; poi cessa completamente, e si riproduce nella stessa ora, il giorno seguente, e così per molti giorni (dopo 15 giorni).

Mestruazione dolorosissima, ed accompagnata da somma prostrazione di forze, da dover restare in letto tre giorni (d. 8 giorni).

165. **Mestruazione con dolori atrocissimi da far gridare e piangere** (nel 5.° giorno).

Mestruazione che abitualmente era preceduta da dolori assai forti, viene in questa volta senza dolori affatto, e molto abbondante.

Mestruazione anticipata di 8 giorni in donna, che abitualmente l'avea piuttosto ritardata di qualche giorno (al 3.° giorno)

Mestruazione scarsa, che cessa nel restare coricata.

Mestruazione di sangue nero, piceo, piuttosto abbondante.

170. Puerperio soppresso da dieci giorni, che ricomparisce nel primo giorno della somministrazione del rimedio.

Arti superiori ed inferiori

Formicolio e peso nelle braccia, che non si possono alzare liberamente, più forte nel sinistro.
Edema delle mani, più in quella sinistra.
Erpete crostoso-secco all'esterno del gomito destro, senza prudore, di un pollice e mezzo di larghezza (d. 30 giorni).
Consimile erpete crostoso-secco allo esterno del gomito sinistro (d. 48 giorni).
175. Erpete crostoso-secco, di due pollici di larghezza, al malleolo sinistro interno, senza prudore (d. 24 giorni).
Consimile erpete crostoso secco al malleolo destro interno (d. 38 giorni).
Prurito forte nei malleoli (nel 20.° giorno).
Prurito fortissimo, che eccita a fregare, nella parte inferiore delle tibie (d. giorni 21).
Edema delle gambe sino alle ginocchia; la pelle è lucida, e la pressione del dito lascia per lungo tempo l'avvallamento.
180. Edema dei piedi sino al terzo inferiore delle gambe, che scomparisce prontamente.
Sedendo non può restar tranquillo, deve gettar le gambe di quà, di là involontariamente.

Sintomi generali

Debolezza generale, con tristezza e cattivo umore.
Debolezza generale, in modo che non si fida parlare.
Debolezza tale, da non fidarsi far niente, nè camminare per le stanze.
185. Grande debolezza per molti giorni di seguito, non si fida camminare affatto.
Forte abbattimento della persona, non si fida tenersi in piedi.
Somma prostrazione di forze, a segno da dover restare in letto, non potendosi quasi rizzar sulle gambe.
Malessere generale, e tale debolezza da non aver forza alzarsi dalla sedia.
Abbattimento e languore in tutto il giorno.
190. Brivido forte nella notte, che dura mezz'ora (nel 1.° giorno).
Freddo leggiero verso le ore 10 della sera (nel 1.° giorno).
Leggiero brivido che passa subito, verso le ore 2 p. m. (nel 1.° giorno).
Freddo generale, e forte da far battere i denti, che dura 3 ore, e non passa non ostante che coricatasi, si faccia mettere addosso molte coperture di lana (nel 1.° giorno).

Calore urente, che produce ambascia e smania da non poter restare tranquillo nel letto; accaloramento che succede al freddo di 3 ore, e che dura 20 ore (nel 1.° giorno).

195. Calore scottante nel corso della notte, con forte dolore di testa, grande ambascia, ed impossibilità di restar coricato (nel 1.° giorno).

Sudore abbondante, che succede allo stadio del calore (nel 1.° giorno).

Febbre leggiera con dolore di testa, che si sviluppa dopo brevissimo freddo, la quale dura poco, e termina con piccolo sudore alle ore 4 p. m. (nel 1.° giorno).

Febbre intermittente quotidiana, che si riproduce ogni giorno alla medesima ora, per più giorni di seguito. All'ora 1. p. m. leggiero brivido; poi calore urente, ambascia, e gravissimo dolor pulsante nella regione uterina; in fine leggierissimo sudore. Dalle 11. p. m. alle 12. a. m. del giorno appresso, apiressia completa (d. 13. giorni).

Febbre intermittente quotidiana, non vinta dal chinino solforico, la quale cessa immediatamente. Alle ore 11 a. m. freddo forte di due ore; poi calore urente con grande ambascia, sete, fierissimo dolor di capo, coma, stordimento, insensibilità sino alle 12 p. m.; in fine sete inestinguibile, sudore abbondantissimo. Alle 4 a. m. del giorno seguente, apiressia completa, e sensazione di benessere come in perfetto stato di salute, il quale dura per 7. ore. Quindi alle ore 11 a. m: torna novellamente il parosismo, che si rinnova costantemente per 5 giorni di seguito, e che non vien troncato dal chinino solforico.

200. Polso completamente perduto, da più giorni, in un uomo malato di cronica ipertrofia di cuore, che immediatamente dopo preso il rimedio, riprende le sue pulsazioni a ritmo irregolare, ed intermittente come prima.

Printed by Libri Plureos GmbH in Hamburg, Germany